MIND HACKING

Sommario

MIND HACKING 1

INTRODUZIONE 4

Le tecniche di persuasione per vendere:
come le tecniche di persuasione possono
aiutarti a vendere di più.............................6

CAPITOLO 1 8

Come usare le tecniche di persuasione.......8

25 tecniche di persuasione per aiutarti a
vendere meglio 11

CAPITOLO 2 25

Il Copywriting Persuasivo: le tecniche per
scrivere i testi migliori................................25

Titoli persuasivi 27

Le Proiezioni sensoriali 31

Le Formule vincenti.....................................34

CAPITOLO 3 37

Le Power Word 37

Frasi e parole da non dire 55

The Sales Letter: la lettera di vendita 60

Segreti per creare una Sales Letter di vendita efficace 65

CAPITOLO 4 68

Online Funnel: l'imbuto del Marketing 68

CAPITOLO 5 72

The Local marketing: il Marketing di quartiere 72

Le tecniche del Local Marketing 74

CAPITOLO 6 77

PNL: la Programmazione Neuro Linguistica .. 77

La Programmazione Neuro Linguistica e il potere delle parole 80

Il Meta modello 86

Il Milton Model 89

The Sleight of mouth 90

I Meta programmi 90

The Timeline 91

Le parole della Programmazione Neuro Linguistica 92

CONCLUSIONE 107

INTRODUZIONE

Come proprietario di una società sperimento sempre molto stress, quello che mi ha aiutato è il "brain hacking", ovvero l'adozione di misure per cambiare il modo in cui mi sento, adattare la mia prospettiva sulla vita, migliorare il mio umore e aumentare la mia produttività ed efficienza e, non nascondiamolo, far volare le mie vendite alle stelle attraverso la persuasione.

Sono fermamente convinto che la felicità sia alla base del successo, quindi per un leader è importante dare la priorità alle cose che ti faranno sentire bene e miglioreranno il tuo benessere generale. Per chiunque cerchi suggerimenti per "hackerare" il proprio cervello, ecco un elenco di passaggi che ho intrapreso che hanno cambiato la mia vita:

- Svegliati prima dell'alba

- Ridefinire la leadership nell'era della nuova normalità

- Non controllare il telefono quando ti svegli per la prima volta. Medita invece.

- Annota tre cose per le quali sei grato.

- Compi atti casuali di gentilezza

Hai mai desiderato di poter riprogrammare il cervello, proprio come farebbe un hacker con un computer? In questa guida ti insegnerò come creare la Mind Hacking: utile per far arrivare le tue vendite alle stelle e per cambiare il modo in cui gli altri ti vedono.

Le tecniche di persuasione per vendere: come le tecniche di persuasione possono aiutarti a vendere di più

Quando si parla di persuasione si può aspettare solo due reazioni dalla gente: estremo interesse o paura.

C'è chi pensa che grazie alla persuasione sia possibile manipolare gli altri e chi invece la considera un subdolo espediente, un metodo alquanto ingannevole per ottenere qualcosa che altrimenti non si potrebbe avere. Non possiamo meravigliarci che proprio quest'ultimi abbiano una considerazione pessima dei venditori: considerati persone senza morale, disposte a far di tutto pur di monetizzare, usare l'inganno addirittura. E sono sempre loro a chiudersi nei loro pregiudizi, innalzando muri di rigidità mentale e stereotipi che ormai lasciano il tempo che trovano.

Ma chi ha ragione? Nessuno può dirlo, quello che importa capire è che la persuasione è uno strumento neutro: può essere usato nel bene o nel male, può portare benefici oppure nuocere, può essere il tuo migliore amico o il più temibile degli avversari.

Io voglio insegnarti a farti amica la persuasione: voglio spiegarti, attraverso 25 semplici regole, come usarla nel migliore dei modi, come riuscire a vendere meglio e come aiutare le persone ad abbattere i loro pregiudizi.

CAPITOLO 1

Come usare le tecniche di persuasione

Ancora un piccolo appunto: quando parliamo di persuasione non possiamo ignorare altri termini che spesso sono a esso abbinati. Sto parlando di Motivazione e Influenza che con la Persuasione possono essere definiti le sfumature dell'arte del convincere.

Prima di capire come usare le tecniche di persuasione che sto per spiegarti devi capire come funziona la tua mente: il nostro cervello, il più antico dei nostri organi contiene al suo interno delle aree chiamate:

- Old brain, che è deputata alle decisioni.
- Middle Brain, quella che sovraintende gli aspetti emozionali;

- New Brain, quella che sovraintende gli aspetti logici e razionali e avvolge la seconda.

Quindi per comunicare in maniera efficace con gli altri è necessario considerare i tre aspetti:

- Argomentazione logica: esporre in maniera chiara quello che vogliamo vendere, dati e statistiche alla mano per permettere a chi ci ascolta di valutare personalmente la validità dei nostri prodotti;
- Motivazione emozionale: far arrivare nella mente e nel cuore del futuro cliente quanto quel prodotto possa esser utile, che cambiamenti porterà alla sua vita, come modificherà le sue giornate, arriviamo a farli dire "come ho fatto a vivere prima?".
- Comando/richiesta di azione: ovvero spiegare al cliente che per noi conta la

sua parola, che consideriamo l'acquisto già fatto, "ci pensi e ci paghi in seguito".

La convinzione però non basta: per fare in modo che le tue vendite sia davvero producenti, i tuoi clienti devono esser persuasi.

25 tecniche di persuasione per aiutarti a vendere meglio

1. Aumentare il valore percepito lavorando sul prezzo dei tuoi prodotti

Chi si occupa di vendita sa quanto è importante questo passo: creare offerte interessanti e sottolineare i punti di forza dei propri prodotti. Ma questa non è una tecnica di persuasione, ma una banale tecnica di vendita. E quindi? Quindi devi aumentare il loro prezzo: no, non è una pazzia. Il prezzo di un prodotto non influenza solo l'acquisto ma anche il modo in cui verrà usato dal cliente. Chi vede prezzi troppo bassi ipotizza una scarsa qualità: aumentando i prezzi potremmo perdere i clienti affaristi ma conquistare la fiducia di quelli veramente interessati a comprare e comprare una volta successiva.

2. Il principio della scarsità

Il principio della scarsità è una tecnica assai praticata e dal risultato garantito: le persone assegnano un valore maggiore a una risorsa quando essa è limitata. Per persuadere i clienti ad acquistare si potrebbero evidenziare tutti i prodotti che sono in magazzino da sempre. Il motto da usare? "Disponibilità di 3 prodotti": un classico che funziona ogni volta.

3. Il tempo che scorre veloce

Bisogna instillare un senso di urgenza con delle promozioni a tempo: uno sconto su tutti i prodotti solo per poche ore, una spedizione gratis per chi acquista nell'arco della mattinata. Insomma, qualsiasi espediente che faccia capire che la convenienza ha i tempi ridotti e che è essenziale approfittarne subito.

4. Sfruttare i rifiuti dei clienti a tuo favore

I rifiuti sono come le critiche: fortificano. L'effetto del contrasto ci insegna che le persone rispondono sì a una piccola richiesta dopo aver detto di no a una richiesta più grande. Un cliente magari non compra nulla ma, proprio mentre sta per uscire dal tuo e-commerce eccola lì: la exit intent pop-up, l'offerta così piccola e così vantaggiosa che non si può proprio rifiutare.

5. Sfruttare l'avversione per la perdita

Non offriamo al cliente solo i punti di forza ma mostriamo anche le conseguenze negative del non acquisto: tutti noi odiamo qualsiasi forma di perdita ed è questa che alimenta i nostri desideri. Fai vedere ai tuoi clienti cosa perderebbero se non acquistassero quel prodotto.

6. Mettere i propri utenti all'opera

Lascia che i tuoi clienti abbiano un ruolo attivo nella creazione dei prodotti e dei servizi: offri servizi di personalizzazione, lancia campagne di sondaggi per creare il prodotto dei sogni, chiedi ai tuoi clienti di realizzare loro qualcosa.

7. Imitare i propri clienti

La psicologia ci dice che per entrare in sintonia con qualcuno dobbiamo imitarlo: facciamolo anche qui. Impara a conoscere i tuoi clienti, analizza le loro recensioni, vedi come descrivono i tuoi prodotti. Sfrutta le loro parole a tuo vantaggio nella presentazione dei servizi e così convincerai la tua platea.

8. Sfruttare l'autorità

Spesso basta un titolo per attivare l'attenzione e far vedere le parole pronunciate da un dottore, un professore, un direttore o un commissario come un mantra. Quindi porta sui tuoi prodotti l'opinione di un professionista, un'autorità nel settore che non potrà assolutamente essere ignorato.

9. Raggruppare i propri prodotti con altri prodotti

Ovvero l'effetto cheerleader: gli esseri umani presi in maniera collettiva risultano più affascinanti. Proviamo a fare lo stesso con i prodotti: presenta i prodotti insieme ad altri, mescolali insieme a quelli di altri competitors magari più noti e i tuoi brilleranno di luce riflessa.

10. Vendere al momento giusto

Attraverso un bravo Copy, una grafica giusta e un prodotto ottimale, vendi quando il tuo cliente ha bisogno di quel prodotto: se vendi pentole non ha senso inviare una newsletter dopo pranzo.

11. Farsi ricordare

La nostra mente ricorda le informazioni imparate di recente che vengono viste come le più importanti: quindi per persuadere devi dare informazioni giuste poco prima dell'acquisto perché saranno loro ad avere il sopravvento sulle altre. L'umorismo, la gentilezza e la simpatia sono ottimi modi per imprimere nella mente dei clienti il tuo ricordo: qualsiasi cosa sia in grado di emozionare è destinato a durare più a lungo ed esser ricordato con piacere.

12. Garantire la libertà di una scelta limitata

Di fronte a una scelta obbligata scappiamo. Diamo invece ai clienti la libertà di scegliere, ma senza complicar loro la vita a pensare troppo. Quindi sì alle doppie scelte ma non ad altre: il trucco è offrire sempre la possibilità di scegliere creando, in realtà, una scelta irrilevante. Che sia per i prodotti o per il metodo di pagamento, i tuoi clienti apprezzeranno.

13. Le foto: usare i volti solo al posto e al momento giusto

Siamo sempre inondati da volti di modelli sorridenti che dovrebbero attirare l'attenzione del cliente. Ma in molti casi questo trucchetto potrebbe essere controproducente: un ben volto potrebbe distogliere l'attenzione quindi le immagini vanno usate in maniera razionale. Sono solo tre i casi in cui l'uso di volti porta benefici:

- Un volto noto o molto conosciuto in quel settore;
- Un volto posizionato vicino a quello che vogliamo catturi il cliente;
- Un volto messo all'interno di un video dei propri prodotti.

In ogni caso cerca sempre di usare i volti con posizione e scopo ben pianificato: ricorda che l'importante è persuadere il cliente.

14. Incentivare all'acquisto, ma senza esagerare

Come insegna la legge di Yerkes e Dodson "l'incitamento può aiutare a migliorare le performance. Ma non sempre". Quando i clienti sono messi di fronte a delle scelte semplici niente sarà mai eccessivo; se invece i clienti hanno a che fare con scelte complesse, l'incitamento all'acquisto sarà assolutamente dannoso. Basta sottolineare i punti di forza del prodotto e i suoi vantaggi: niente di più, niente di meno.

15. Mostrare il processo produttivo

Una tecnica molto semplice: far vedere ai clienti come nasce, come viene prodotto e com'è stato sviluppato il prodotto.

16. Far vincere i propri clienti

Ovvero il fenomeno, sviluppato dalla scienza comportamentale, chiamato Hot Hand Fallacy: quando ci va bene qualcosa, siamo certi che ci possa andare bene anche un'altra, e un'altra e un'altra ancora. Per persuadere ad acquistare devi convincere il cliente di essere infallibile, di trovarsi nel suo momento di gloria, quello adatto per acquistare. Per farlo potresti creare un premio tra i tuoi clienti mettendo in palio uno sconto, anche irrisorio: conta solo che il cliente pensi di poter vincere e, se perde, continuerà a provare per arrivare alla vittoria. Anche se il premio è un semplice 2% di sconto.

17. Individuare il problema e offrire una soluzione

Il primo passo è trovare un problema, il secondo quello di calcare la mano evidenziando le conseguenze negative del problema, il terzo è la presentazione della soluzione che, guarda la coincidenza, è proprio il tuo prodotto. Convincente vero? Quindi ricorda: problema, ansia, soluzione, vendita.

18. Prima di ogni altra cosa, dare, fare e offrire solo chiarezze

Quando si tratta di spendere soldi, che siano pochi euro o cifre più importanti, tutti vogliono una sola cosa: sapere tutto quello che c'è dietro, senza ambiguità. Per portare il cliente ad acquistare da te, descrivi il tuo prodotto, usa dati tecnici, fa che il cliente possa consultarli facilmente (spesso non lo fa), inserisci foto dettagliate, rendi il prodotto visibile a 360°. Usa la stessa tecnica per i pagamenti, le spedizioni, i resi, i cambi e le politiche generali.

19. Incoraggiare verso un mindset positivo

Come si ottiene un sì sicuro? Riuscendo ad avere altre risposte positive dal cliente, ovvero non farsi dire proprio di no. L'affermazione è quello che convince il pubblico, è ciò che fa acquistare anche a scatola chiusa, è quello che crea fiducia e sicurezza: il primo sì mentale del cliente equivale alla vendita assicurata.

20. Abbozzare slogan divertenti e orecchiabili

Ovvero usa messaggi che abbiano il ritmo di filastrocche elementari, qualcosa che possa essere facile da memorizzare è che sarà collegato direttamente a te. Uno slogan che accoglie i tuoi clienti sarà divertente e memorabile.

21. Condividere e farsi portatori dei valori forti

I clienti amano fidelizzarsi con brand che condividono i loro valori: le persone sono portate a seguire chi la pensa come loro. Per farlo studia il tuo target, cerca di capire quali sono i punti condivisi e mostra al pubblico il tuo attaccamento a quella causa, mettendo in atto azioni concrete.

22. Mostrare l'apprezzamento che gli altri utenti hanno dei prodotti/servizi

Ovvero una riprova sociale, fatta di feedback, recensioni, condivisioni di storie ed esperienze che, chi ha già acquistato, vuole condividere con gli altri.

23. Puntare sulla reciprocità

Quindi tu fai qualcosa per i tuoi clienti e loro faranno qualcosa per te: il cliente potrebbe iscriversi alla tua newsletter e tu puoi omaggiarlo di spese di spedizione gratuite; il cliente porta un amico nel tuo negozio e tu lo ripaghi con un omaggio. E ancora, puoi offrire assistenza gratuita, un numero dedicato, puoi regalare contenuti extra, invitare il cliente al lancio delle nuove collezioni, organizzare webinars. Insomma qualsiasi cosa tu voglia fare basta che tu riesca a dare qualcosa anche a loro.

24. Diventare una scelta praticamente obbligata: essere una prassi

Impara a venderti come la scelta più ovvio: fai capire che sono tanti i clienti che si rivolgono a te, fai vedere i numeri, sottolinea che sei un leader del settore, sfrutta i contatti di nomi illustri che hai raggiunto.

Insomma, apri la coda da pavone e fai vedere che sei irrinunciabile.

25. Essere se stessi

Non nascondersi dietro maschere che non rappresentano il tuo io: gli utenti apprezzano molto di più le persone vere, hanno voglia di instaurare rapporti reali, basati su fiducia e sincerità.

Quindi fai vedere chi sei e non aver paura nel mostrarti. Loro apprezzeranno.

CAPITOLO 2

Il Copywriting Persuasivo: le tecniche per scrivere i testi migliori

Il copywriting persuasivo è una tecnica di scrittura che ha il compito di creare testi, frasi, titoli e contenuti web, con l'obiettivo unico di attirare l'attenzione in chi legge. Usata in ambito commerciale, online o offrine, questa scrittura fa leva sulle emozioni delle persone, mira a rendere più accattivanti un prodotto o un servizio.

Sbaglia chi crede che la scrittura persuasiva sia un mezzo per forzare le vendite: scrivere per persuadere vuol dire valorizzare i benefici di un prodotto, di un servizio, presentarlo nel migliore dei modi, fare in modo che al lettore arrivi chiaro il suo messaggio evidenziando che potrebbe risolvere uno specifico problema.

Le tecniche del Copywriting persuasivo solo assolutamente legittime e non hanno nulla a che vedere con il raggiro: si tratta solo di mettere in luce le qualità di un prodotto, i suoi vantaggi, affinché il cliente apprezzandolo possa essere portato all'acquisto.

Quella che ti propongo è una lista di formule già pronte per scrivere titoli e testi persuasivi al 100%.

Titoli persuasivi

1. Perché i pigri … Riescono a … E i bravi ragazzi no
2. Chi vorrebbe … Con / a …
3. Quale di questi … Problemi vorresti risolvere?
4. Ciò che tutti dovrebbero sapere su …
5. Per le persone che vogliono … Un giorno
6. Per le persone che vogliono … Ma non riescono ad partire
7. Questi sono probabilmente i … Segreti meglio custoditi al mondo
8. Il modo più veloce che conosco per …
9. Chi … Si imbatterà nel tuo …
10. L'incredibile arte di …
11. Il …- che ti farà impazzire …
12. Stanco di …? Leggi subito questo!
13. Ora gli e-book rivelano come … E renderanno il tuo … Geloso

14. … In 24 ore soddisfatti o rimborsati

15. Questo … Vale la pena … Per te?

16. Immagina … E goderne ogni minuto!

17. Come trasformare… In … In appena…?

18. Come fare … Legalmente?

19. Il modo scientifico per …

20. Come … Di più … E meno

21. Come … Minuto per minuto?

22. Come una nuova scoperta ha portato una …Ecco un modo per … Che non ha mai fallito finora!

23. … Per ogni … – tu …

24. Come ho finalmente … Dopo aver provato tutto il resto

25. Hai fatto questi errori in …?

26. Puoi passare questo semplice … Test?

27. X motivi per cui dovresti avere … Mese scorso!

28. Nessun … Lezione di oggi …

29. Questo … Trucchetto è quasi troppo facile.

30. Il peggior … Consiglio

31. Per … Questo funziona in maniera imprevedibile

32. … Cose da fare e cose da non fare

33. Perché il tuo … Non sarà …

34. Stai ancora sprecando soldi in …?

35. Se non lo fai … Ora, te ne pentirai più tardi

36. Dammi … E io …

37. … Come un esperto in 10 semplici passi

38. Rompi … La "regola" per ottenere successo

39. X miti sui …

40. X modi per ottenere un … Migliore di quello che meriti

41. X modi per compromettere il tuo …

42. Modi poco conosciuti per …

43. Non devi essere … A …

44. … Non vuole che to legga questo

45. Cosa preferiresti piuttosto fare: … O …?

46. Hanno riso quando ho …, ma quando ho
…

47. La X idee più pazze che … E come
possono ora aiutarti!

48. Se è possibile … Puoi …

49. Perché l'assunzione di un … Può essere
pericoloso per …

Le Proiezioni sensoriali

Nella scrittura persuasiva sono molto utili le cosiddette Proiezioni sensoriali: formule che permettono ai potenziali clienti d'immedesimarsi in quello che leggono. Ecco qualche esempio:

1. Puoi solo immaginare …
2. Raffigura te stesso …
3. Ricorda quando eri in …
4. Non sarebbe meraviglioso …
5. Immagina te stesso …
6. Ti ricordi ancora l'aroma …
7. Hai mai percepito l'aroma …
8. Ti ricordi ancora la sensazione di …
9. Ricordi ancora il suono …
10. Riesci a ricordare ancora la sensazione di un …
11. Se inizi a percorrere a ritroso la memoria fino a quando eri bambino …
12. Hai mai sperimentato di …

13. Hai mai assaggiato …

14. Immagina di vivere una situazione in cui
…

15. Stai osservando ora …

16. Solo pochi minuti fa non sapevi nulla …
Ma ora

17. Mentre leggi questo articolo, sempre più
percepisci di

18. Pensa a questo problema come al tuo …

19. Il motivo per cui sei così profondamente
…

20. Prova a immaginare te stesso con gli
occhi degli altri …

21. Cosa succederebbe se tu potessi essere
il prossimo …

22. E se da domani la tua vita non sarà più le
stessa?

23. E se nei prossimi 7 giorni potessi
diventare …

24. Come vorrei ti utilizzare le più grandi tecniche segrete di … E sfruttarle a tuo vantaggio?

25. E se improvvisamente i problemi che ti hanno oppresso per anni scomparissero in una frazione di secondo?

Le Formule vincenti

Formule vincenti: ecco poi alcune delle formule più usate e che assicurano interesse e proseguo nella lettura:

1. Prodotto in azienda, assolutamente made in Italy
2. Se lo provi non potrai più farne a meno
3. Moderno, veloce, facile: come piace a te
4. Scaricalo gratis e senza impegno
5. Soddisfatti o rimborsati
6. 100% di recensioni positive
7. Visto in tv, recensito su, parlano di noi, ha detto di noi
8. Acquista da casa e salta la coda
9. Risparmia fino al 20%
10. Assistenza e manutenzione inclusa nel prezzo
11. Solo 2 giorni oppure hai tempo fino al 30 giugno

12. Contattaci per un preventivo o per una consulenza

13. Cosa aspetti? Compra ora [nome prodotto]!

14. Compra ora [nome prodotto], sii il primo dei tuoi amici!

15. Il tuo [nome prodotto] ti aspetta!

16. Un [nome prodotto] a un prezzo speciale per te!

17. Perché spendere di più? Compra da noi [nome prodotto] e risparmia!

18. Prendi da noi il nuovo [nome prodotto]

19. Svendita di [nome prodotto], approfittane ora!

20. [Nome prodotto] scontato al 60%

21. [Nome azienda] ci tiene a te e ti ricorda di approfittare di questo sconto su [nome prodotto]

22. Dai un valore aggiunto alla tua vita, compra [nome prodotto]!

23. Un'occasione straordinaria per comprare [nome prodotto]!

24. Scopri ora ciò di cui è capace [nome prodotto]!

25. Compra ora [nome prodotto] e avrai diritto alla nostra politica "soddisfatto o rimborsato!"

26. Immagina la tua vita con [nome prodotto]. Compralo e non potrai più stare senza!

27. Risparmia per le tue prossime vacanze, compra [nome prodotto] da noi con il 70% del prezzo di listino!

CAPITOLO 3

Le Power Word

Non solo frasi e formule: quelle che ti propongo sono le parole più potenti, quelle in grado di evocare attenzione ed emozioni, meglio conosciute con il nome di Power Word. Sono le uniche parole in grado di attirare l'attenzione del lettore e indirizzarlo verso la comprensione del tuo messaggio.

Le Power Word sono tutte quelle parole che possono scatenare una risposta psicologica ed emotiva: sono così persuasive che nessuno può resistere alla loro influenza. Ecco perché se vuoi che la tua azione di Copywriting sia perfetta, non puoi esimerti dall'usare le Power Word.

Ecco perché ti propongo una lista di Power Word divisa per concetti.

- Parole di avidità: una lista di parole che, per indole umana, ci faranno desiderare più cose di quelle di cui abbiamo davvero bisogno. Queste parole riescono a influenzare l'attenzione del lettore, puntando sulla scarsità e sull'avversione alla perdita, facendo sembrare l'oggetto del messaggio più prezioso di quando in realtà sia. Di seguito le parole che fanno suscitare l'invidia nel lettore:

- Affare
- Primo
- Migliore
- Grande
- Milionario
- A buon mercato
- Scadenza
- Sconto
- Euro
- Da non perdere
- Economico
- Esclusivo
- Scade
- Extra
- Veloce
- Finale
- Regalo
- Regalare

- Più grande
- Fretta
- Economico
- Immediatam ente
- Montepremi
- Ultima possibilità
- Limitato
- Lussuoso
- Massiccio
- Monetizzare
- Soldi
- Di Più
- Gruzzolo
- Mai più
- Nuovo
- Adesso
- Paga zero
- Premiare
- Prezzo Momentaneo
- Premio
- Profitto
- Quadruplicar e
- Presto
- Ridotto
- Ricco
- Si sta esaurendo
- La vendita finisce presto
- Risparmiare
- Sei cifre
- Speciale
- Tesoro
- Triplicare
- Finale

- A Lunga Durata
- Enorme

Parole di curiosità: questo impulso naturale va soddisfatto, proprio come facciamo tacere l'impulso di fame o di sete. Di seguito le parole che riescono ad attirare la curiosità del lettore:

- Stupefacente
- Sguardo indiscreto
- Vietato
- Sii il primo
- Diventa un insider
- Dietro le quinte
- Bizzarro
- Mercato nero
- Lista Nera
- Di contrabbando
- Censurato
- Classificato
- Nascosto
- Confessioni
- Confidenziale
- Controverso
- Nascosto
- Buio

- Inafferrabile
- Straordinario
- Apri gli occhi
- Proibito
- Perduto
- Nascosto
- Illegale
- Illusorio
- Incredibile
- Folle
- Interessante
- Solo su invito
- Chiave
- Limitato
- Poco conosciuto
- Perduto
- Esclusivo
- In via confidenziale
- Vietato
- Fuorilegge
- Inestimabile
- Privato
- Psicopatico
- A distanza
- Limitato
- Ridicolo
- Segreto
- Scioccante
- Di Contrabbando
- Spoiler
- Strano
- Sbalorditivo
- Stimolante
- Segretissimo
- Segreto commerciale

- Non autorizzato
- Incredibile
- Inesplorato
- Non convenzionale
- Sotto il tavolo
- Non spiegato
- Inesplorato
- Unico
- Insolito
- Strambo
- Buffo

Parole di pigrizia: ovvero il desiderio di evitare qualsiasi imposizione, un lavoro che proprio non vogliamo svolgere, un compito che avremo voglia di evitare. Di seguito una lista di parole in grado di provocare la pigrizia nel letto e rendere i tuoi titoli molto più accattivanti:

- Accessibile
- Tutto incluso
- Un Gioco da ragazzi
- Facile
- Chiaro
- Completo
- Globale
- Scaricabile
- Facile

- Economico
- Efficiente
- Senza Sforzo
- Elementare
- A prova di fallimento
- Formula
- Gratis
- Regalo
- Guida
- Come
- In meno di
- In tempo record
- Indice
- Ingredienti
- Immediato
- Dettagliato
- Facile
- Elenco
- Trattabile
- Semplice
- Istante
- Minuto
- Modello
- Nessun problema
- Niente sudore
- Niente da fare
- Indolore
- Modello
- Come un Picnic
- Presto
- Già Pronto
- Semplice
- Schiocco
- Diretto

- Rubare
- Passi

Parole di lussuria: un desiderio intenso verso un oggetto, un servizio o una persona. Quando desideriamo qualcosa, smettiamo di pensare in maniera razionale. Ecco allora una lista di parole in grado di suscitare desiderio di lussuria nel lettore:

- Allettante
- Sfacciato
- Travolgente
- Carismatico
- Avvincente
- Bramare
- Depravato
- Desiderio
- Sporco
- Incantevole
- Esotico
- Rivelato
- Affascinante
- Flirtare
- Proibito
- Ipnotico
- Intrigante
- Magnetico
- Malizioso
- Acquolina In Bocca
- Nudo

- Cattivo
- Ossessione
- Appassionato
- Piacevole
- Promiscuo
- Provocatorio
- Avvincente
- Scandaloso
- Sensuale
- Senza Vergogna
- Peccaminoso
- Squallido
- Addormentato
- Stimolare
- Forte
- Allettante
- Stuzzicare
- Censurato
- Sollecitare
- Selvaggio

Parole Di Vanità: la vanità è uno dei punti cardine nella decisione di un acquisto. Se qualcosa ci fa apparire più belli, più ricercati, più sexy, siamo mosso ad acquistarlo perché noi compriamo cose che pensiamo ci faranno guardare sotto una luce diversa sia verso noi stessi che verso gli altri. Ecco allora una lista di parole in grado di scatenare le emozioni di vanità in ogni lettore:

- Stupefacente
- Amplificare
- In cima
- Attraente
- Ispirazione
- Bellissimo
- Boom
- Incremento
- Capo
- Splendente
- Coraggio
- Sfacciato
- Luminoso
- Brillante
- Rallegrare
- Intelligente
- Conquistare

- Coraggio
- Audace
- Abbagliante
- Sfida
- Crepa
- Efficace
- Elegante
- Élite
- Incantare
- Epico
- Impavido
- Fortunato
- Una Volpe
- Genio
- Bellissimo
- Eroe
- Strabiliante

- Euforico
- Leggendario
- Fortunato
- Magico
- Ricco
- Notevole
- Degno di nota
- Ottimale
- Arguto
- Notevole
- Insolente
- Impertinente
- Sensazionale
- Intelligente
- Spettacolare
- Forte
- Sbalorditivo
- Supereroe
- Trionfo
- Turbo
- Imbattuto
- Di Valore
- Primo
- Vittoria
- Meraviglioso

Parole di Fiducia: la fiducia è tutto nella vendita. Se mancano fiducia e credibilità nessun cliente deciderà mai di acquistare da te. Ecco perché devi riuscire, con ogni mezzo possibile, ad infondere fiducia nelle persone: devi portare i clienti alla fidelizzazione. Ecco quindi una lista di parole in grado di accrescere il processo di fiducia in ogni lettore:

- Accreditato
- Approvato
- Autentico
- Autorevole
- Autorità
- Perché
- Migliore
- Certificato
- Affidabile
- Non ti preoccupare
- Approvato
- Garantito
- Esperto
- Completamente rimborsabile
- Genuino
- Migliorato
- Corazzata
- Tutta la vita
- Soldi
- Nessun obbligo
- Nessun rischio
- Ufficiale
- Professionale
- Provato
- Diritto di recesso
- Riconosciuto
- Rimborso

- Affidabile
- Ricerca
- Risultati
- Sicurezza
- Scientificamente provato
- Sicuro
- Gli Studi dimostrano che
- Provato

- Traccia
- Record
- Incondizionato
- Verificare
- Ben rispettato
- In tutto il mondo
- Prestigioso
- Autorevole

Parole di rabbia: la rabbia influenza la percezione del nostro mondo, ci porta a fare ragionamenti sbagliati, ci rende irrazionali e ci fa commettere scelte che in realtà non avremmo mai preso se non fossimo stati così offuscati dalla rabbia. Ma, proprio la rabbia è un'ottima alleata per la vendita. Ecco una lista di parole, estremamente interessanti, per far diventare la rabbia del lettore la tua più grande amica:

- Abuso
- Infastidire
- Arrogante
- Calci in culo
- Bastardo
- Ignorante
- Abbatti
- Bollire
- Rotto
- Brutale
- Buffone
- Cazzate
- Prepotente
- Corrotto
- Codardo
- Schiacciare
- Lotta
- Disgustoso
- Il Male
- Sfruttare
- Avido
- Odiare
- Ostile
- Bugie
- Ripugnante
- Perdente
- Battibecco
- Sciacallo
- Sperperare
- Bancarotta
- Nazista
- Cattivo
- Odioso
- Pietoso

- Assurdo
- Provocare
- Punire
- Inferno
- Orrendo
- Spietato
- Malato
- Subdolo
- Piagnucoloso
- Snob
- Altezzoso
- Arrogante
- Puzza
- Stupito
- Teppista
- Subdolo
- Vizioso
- Vittima
- Violento
- Rifiuto
- Debole
- Peggio
- Ferito

Parole di paura: il più potente dei motivatori, l'istinto primordiale che ci fa stare al sicuro e che ci mantiene in vita. Ma come può la paura aiutare a vendere? Devi essere un po' "sadico": per vendere facendo leva sulla paura è importante far capire al futuro cliente quello che potrebbe accadere se non facessero quell'acquisto. Rendilo timoroso, instaura una paura di fondo, fai in modo che si domandi "e se davvero poi me ne potessi pentire, che succederebbe?". Ovviamente non paralizzare completamente con la paura o avrai l'effetto opposto: per ogni timore innescato, offri una soluzione reale. Ecco una lista di Power Word dedicate alla paura del lettore:

- Agonia
- Annientare
- Apocalisse
- Armageddon
- Assalto
- Cuore
- Diffidare
- Accecato
- Sangue
- Massacro
- Raccapricciante
- Sanguinoso
- Bomba
- Infernale
- Cadavere
- Cataclisma
- Catastrofe
- Attenzione
- Crollo
- Pazzo
- Storpio
- Crisi
- Pericolo

- Pericoloso
- Mortale
- Morte
- Distruggere
- Distruzione
- Devastante
- Disastroso
- Annegare
- Imbarazzare
- Epidemico
- Fallire
- Debole
- Folle
- Spaventoso
- Gioco d'azzardo
- Ingenuo
- Bucato
- Inganno
- Pandemia
- Olocausto
- Orribile
- Uragano
- Insidioso
- Invasione
- Prigione
- Pericolo
- Epidemia
- Incombente
- Lunatico
- Agguato
- Impantanato
- Sbaglio
- Omicidio
- Incubo
- Doloroso
- Pallido
- Panico
- Pericolo
- Piranha

- Trappola
- Peste
- Fregato
- Veleno
- Povero
- Prigione
- Zero
- Vendetta
- Rischioso
- Selvaggio
- Pauroso
- Urlo
- Devastazione
- Frantumare
- Macello
- Schiavo
- Strangolare
- Stupido
- Succhiare
- Sofferenza
- Carro armato
- Terrore
- Terrorista
- Tortura
- Tossico
- Tragedia
- Trappola
- Trauma
- Vaporizzare
- Buio
- Ombre
- Vittima
- Volatile
- Vulnerabile
- Avvertimento
- Preoccupazione
- Ferito
- Cao

Frasi e parole da non dire

Se quello che dobbiamo dire è abbastanza chiaro, esistono alcune formule e parole che faranno scappare a gambe levate i nostri clienti prima ancora di far vedere loro il prodotto che vogliamo offrire. Compreresti mai da qualcuno che ti dice che ri ruberà solo qualche minuto o che mette le mani avanti dicendo di non avere voglia di ingannarti? Io no di certo. Ecco perché ti offro alcune delle frasi che assolutamente dovrai evitare e che ti insegneranno anche a distinguere un buon venditore da un imbroglione o con una pessima organizzazione alle spalle.

1. Le rubo solo 10 minuti
2. In caso di problemi
3. Voglio essere sincero e onesto con lei
4. Non ...seguito da qualsiasi affermazione o definizione

5. Ha capito male, lei sbaglia, lei ha torto

6. Non si preoccupi;

7. Non sono qui per vendere ad ogni costo;

8. Non è che voglio venderle proprio questo
    prodotto;

9. Questo prodotto non le darà problemi;

10. Non c'è sotto nessuna fregatura;

11. Non vorrei rubarle tempo;

12. Non voglio forzarla;

13. Vedrà che non se ne pentirà;

14. Non è il solito servizio;

15. L'involucro non è fragile;

16. Non voglio insistere;

17. Non c'è problema;

18. Non voglio dirle una bugia;

19. Non voglio prenderla in giro;

20. Non avrà brutte sorprese da questo
    articolo.

21. Voglio essere sincero con lei

22. A lei devo dire la verità

23. Con lei non posso dire una cosa per un'altra

24. Non le serve nulla?

25. Come posso esserle utile?

26. Non ho potuto venire prima

27. Ho fatto del mio meglio per venire il prima possibile

28. Abbiamo 8 scatole in pronta consegna

29. Problema

30. Esigenza

31. Appuntamento

32. Venditore

33. Incontro

34. Referente commerciale

35. Costo

36. Investimento

37. Purtroppo

38. Offriamo prodotti di alta qualità

39. Siamo leader

40. Abbiamo una grande esperienza

41. Io.../ La mia azienda

42. Io penso che

43. Io le suggerisco

44. Io stesso ne parlerò con

45. Parole parassita: infatti, cioè, praticamente, ehm, uhm

46. La richiamerò presto

47. Le rubo solo 5 minuti

48. Le faccio perdere poco tempo

49. Mi scusi per il disturbo

50. Ha capito male

51. Lei ha torto

52. E' stato lei a sbagliare

53. Non sono qui per vendere ad ogni costo

54. Questo prodotto non le darà problemi

55. Non c'è sotto nessuna fregatura

56. Non voglio mentirle

57. Non voglio prenderla in giro

58. Non si preoccupi

59. Non voglio rubarle tempo

60. Non voglio insistere

61. Non desidera altro?

62. Non vuole altro?

63. Non vuole acquistarlo?

64. No no, ha ragione!

65. No, niente, era solo per dire

66. No, volevo solo dirle

67. No, ecco, secondo me

68. Non sono qui per vendere

69. Tranquillo sotto non c'è nessuna fregatura

70. Sa siamo i primi in questo campo

71. Guardi, glielo dico contro i miei interessi

72. In tantissimi lo hanno già acquistato

73. Per favore mi compri qualcosa

The Sales Letter: la lettera di vendita

Una lettera di vendita è un messaggio di posta elettronica progettato per persuadere il lettore ad acquistare un particolare prodotto o un servizio in assenza di un venditore. È stato definito come "Una forma di direct mail in cui un inserzionista invia una lettera a un potenziale cliente." È diverso da altre tecniche di direct mail, come la distribuzione di volantini e cataloghi, come la lettera di vendita. In genere vende un singolo prodotto o una linea di prodotti e tende inoltre a essere principalmente testuale anziché basato su grafica, sebbene le lettere di vendita video siano diventate sempre più popolari. Viene tipicamente utilizzato per prodotti o servizi che, a causa del loro prezzo, sono considerati un acquisto di valore medio o alto, tipicamente da decine a migliaia di dollari. Una lettera di vendita è spesso, ma non esclusivamente, l'ultima fase del processo di vendita prima che il cliente effettui un ordine ed è progettata affinché il potenziale cliente si impegni a diventare un cliente.

Dall'avvento d'Internet, la lettera di vendita è diventata parte integrante dell'internet marketing e in genere assume la forma di un'e-mail o di una pagina web. Le e-mail di vendita non richieste sono note come spam, sebbene lo spam in genere consista di e-mail che sono molto più brevi di una normale lettera di vendita. Le lettere di vendita non in linea e non richieste sono note come posta indesiderata.

La lettera di vendita è suddivisa in diverse sezioni chiave che possono essere anche utilizzate altre sezioni come i sottotitoli.

- Titolo: l'inizio di una lettera di vendita è considerato il suo pezzo più importante. Nelle lettere di vendita questa parte viene chiamata "oggetto" e con le pagine web assume il formato di un titolo, seguito da un testo aggiuntivo chiamato sottotitolo.

- Copia del corpo: questa sezione è in genere piuttosto lunga, con lettere di 4, 8 e 16 pagine che sono i formati più comuni. Questa sezione in genere contiene anche testimonianze dei clienti dell'azienda, nonché immagini e informazioni sul prodotto. Su Internet, la copia del corpo può includere video o audio incorporati.

- La Lettera di vendita, intesa a convincere il cliente a impegnarsi ad acquistare il prodotto o il servizio, è una forma speciale di pubblicità, che mira a vendere beni e servizi dell'azienda. La lettera di vendita deve suscitare interesse, suonare convincente, creare un desiderio e incoraggiare il lettore ad agire. Scrivi in uno stile positivo e convincente, ma non essere aggressivo: presenta vantaggi e benefici al lettore; incoraggia una risposta dal al lettore, una telefonata, una visita, una risposta su un modulo allegato.

- Il design grafico di una lettera di vendita è una parte importante: il carattere, il layout, l'interlinea, la formattazione del paragrafo, le immagini sono componenti che hanno tutte un effetto sull'efficacia della lettera.

A causa della natura di risposta diretta delle lettere di vendita, è possibile testarle attentamente su base continuativa per determinare quale versione funziona meglio in termini di conversione dei lettori in clienti. Le lettere di vendita sono in genere sviluppate in modo incrementale, con test divisi di vari elementi. Ciò consente al responsabile del marketing o al copywriter di confermare quale titolo, testo del corpo o design grafico si converte meglio. Su Internet, è possibile tenere traccia di variabili aggiuntive, come il tasso di apertura delle e-mail, la frequenza di rimbalzo, il click-through per il check out.

Segreti per creare una Sales Letter di vendita efficace

1. Ogni lettera è un mondo a sé: non usare vecchie lettere ma creane una su misura e personalizzata;

2. Pensa al cliente, non solo al prodotto: metti sempre al centro il suo problema e la tua soluzione;

3. Usa sempre un titolo accattivante: questo catturerà l'attenzione del potenziale cliente e lo farà continuare nella lettura;

4. Parla al lettore: e mettiti nei tuoi panni, racconta le sue speranze, i suoi problemi e tieni sempre l'occhio sulla soluzione;

5. Mostra i vantaggi del tuo prodotto e del tuo servizio;

6. Dimostra quanto le tue informazioni siano vere e valide: usa testimonianze, dati e recensioni di altri clienti;

7. Crea un'offerta personalizzata;

8. Dichiara la tua call to action: invita il lettore ad approfittare della tua offerta, non nascondere le tue intenzioni.

Ecco le ultime dritte per scrivere delle email che verranno aperte e lette: perché aprire un mail non implica necessariamente la sua lettura. Questi piccoli accorgimenti assicurano la lettura di qualsiasi Sales Letter:

- Non sbagliare l'indirizzo email;

- Scrivere un oggetto accattivante: con il nome del destinatario seguito dal contenuto della mail;

- Usare la corretta formattazione: email in formato testo da preferire per la loro leggerezza invece di quelle in html, usare brevi paragrafi da 2/3 righe ciascuno, usare il grassetto per evidenziare i concetti, non usare il maiuscolo che equivale all'urlo;

- Per le email brevi non andare oltre le 15 righe di testo;
- Arrivare presto al punto del discorso;
- Inserire il Call to Action: la possibilità data al lettore di rispondere in maniera immediata;
- Mai inviare email con conferma di lettura (il Follow-up);
- Mai inviare email di Venerdì pomeriggio.

CAPITOLO 4

Online Funnel: l'imbuto del Marketing

Funnel, termine inglese che significa "imbuto", preso da solo non può dire molto ma, nell'ambito del marketing, apre davvero tante porte: essa è una delle più importanti regole, quella che fa in modo che un semplice contatto possa diventare un cliente.

L'imbuto rovesciato è molto efficace per mostrare quali sono gli step di questa strategia di marketing davvero importate, che porta un contatto fino al momento dell'acquisto. Infatti la strategia del Funnel è finalizzata a questo: vendere.

Ma cosa si può fare per sfruttare questa potente legge e aumentare le vendite?

La cosa meravigliosa di questa regola è che il

sistema permette di tenere traccia del percorso che fa il cliente, dall'inizio alla fine. L'imbuto da una rappresentazione grafica di un percorso spesso difficile per soggetti e aziende. Creare il proprio Funnel di Marketing può essere davvero semplice: però non basta guardare al proprio business ma bisogna soffermarsi sul modo in cui i clienti vengono acquisiti.

Vediamo quindi quali sono gli step per creare il proprio Funnel Marketing:

1. La conoscenza: bisogna capire la provenienza dei propri contatti, quanti arrivano da una ricerca organica e quanti arrivano dalle campagne, quanti dai social e quanti da Google Ad.
2. La considerazione: ovvero chiedersi come si può spingere il cliente all'azione?

3. La preferenza: bisogna coccolare i propri contatti dando loro informazioni preziose, scoprendo e anticipando i loro bisogni. Così facendo loro ti saranno gradi e torneranno da te.

4. L'acquisto: il momento di proporre la vendita perché i tuoi clienti sono pronti per te.

Il Funnel quindi è uno strumento davvero prezioso, che permette di visualizzare un processo complesso da identificare senza aiuti: sono molte le aziende che non curano questo aspetto del proprio marketing, commettendo un grande errore.

Un errore però che potrebbe essere un vantaggio: finché i tuoi concorrenti non saranno in grado di creare il proprio imbuto, il loro personale Funnel Marketing, tu puoi contare su un arma bianca davvero potente, in grado di annientare i tuoi nemici e confermarti come leader nel tuo settore, grande o piccolo che sia.

CAPITOLO 5

The Local marketing: il Marketing di quartiere

Con l'espressione Local store marketing (LSM), nota anche come "marketing di quartiere" o "marketing locale", si intende una strategia di marketing che si rivolge ai consumatori o ai clienti entro un raggio d'azione che racchiude un luogo fisico, attraverso messaggi di marketing su misura per la popolazione locale. Le tattiche possono essere variate ma differenziate dalla localizzazione del messaggio di marketing.

Spesso, il marketing locale è impiegato da singole sedi di un'entità aziendale più grande, come un negozio in franchising piuttosto che il franchisor, per integrare le campagne pubblicitarie del mercato di massa. Tuttavia, i rivenditori indipendenti e regionali utilizzano la stessa strategia e tattica nei loro sforzi di marketing.

Le tecniche del Local Marketing

Il marketing locale include una vasta gamma di tattiche, elaborate dal marketing, utilizzate dalle aziende di tutto il mondo. Alcune di queste includono la promozione degli affari in una camera di commercio locale, l'uso della direct mail, l'emissione di comunicati stampa locali, l'hosting di eventi, le sponsorizzazioni, l'acquisto di spazi pubblicitari su stampa, televisione locale o all'aperto.

Rivenditore vs produttore: Il marketing locale può essere studiato sia dal punto di vista del rivenditore che da quello del produttore. Per il rivenditore, il marketing locale implica l'ottimizzazione dei mix di marketing del negozio sia all'interno che all'esterno del negozio. Per il produttore, il marketing locale implica l'ottimizzazione del marketing mix di un prodotto a livello di negozio.

Tattiche di marketing in negozio: il marketing in negozio varia a seconda dell'entità che gestisce il marketing: il rivenditore e il produttore hanno diversi punti di vista e diversi mezzi a loro disposizione. Un buon servizio clienti può essere offerto: attraverso la creazione di carte fedeltà, l'allestimento di eventi con ospiti, l'upsellling, l'analisi del traffico, i programmi di revisione e riferimento, il collocamento del prodotto, il campionamento, l'allestimento del negozio, la vendita esponenziale, il design del prodotto, elementi grafici, espositori, packaging,

Tattiche di marketing fuori dal negozio: il marketing fuori dal punto vendita incorpora la maggior parte dei canali di marketing tradizionali, anche se focalizzati su un'area locale. Dall'adesione a organizzazioni imprenditoriali locali, alla sponsorizzazione di squadre sportive locali, al co-marketing con negozi vicini e altro ancora.

Tattiche di marketing online: il marketing online è un modo conveniente per i rivenditori locali di comunicare e promuovere la propria attività. Metodi gratuiti con cui ottenere recensioni online, mantenere orari precisi su directory online e piattaforme social, comunicare e interagire con i follower tramite social media, marketing via e-mail e sms, ottimizzazione dei motori di ricerca e altro ancora. Il marketing online a pagamento può coinvolgere il marketing di ricerca locale, il social marketing locale, il targeting geografico, i beacon e altre tattiche.

CAPITOLO 6

PNL: la Programmazione Neuro Linguistica

Se parliamo di persuasione, della sua capacità di migliorare le tecniche di vendita, far arrivare nuovi clienti nel nostro business e incrementare le vendite, non possiamo evitare di parlare della Programmazione Neuro Linguistica. Per i neofiti della materia quelle che segue è una spiegazione semplice, chiara e precisa di quello che riguarda una materia vasta e affascinante, impossibile da non conoscere se si vuol essere dei veri leader in qualsiasi settore.

Richard Bandler, matematico, e John Grinder, professore di linguistica, cominciano negli anni Settanta (1976) a studiare le attività e gli esperimenti di eminenti comunicatori e psicologi come R.Dilts, Virginia Satir e Milton Ericksson. Da questi grandi esperti della psicologia e del comportamento cominciano a elaborare un «metodo» per guidare a esplorare le modalità attraverso le quali «funzionano» gli esseri umani… E come cambiare i loro comportamenti «poco efficaci».

La Programmazione Neuro Linguistica è una delle forme più efficaci di studio (e applicazione pratica) della percezione soggettiva della realtà e anche come studio dell'eccellenza attraverso il processo del modellamento basato sull'osservazione e la riproduzione di ben determinati comportamenti e azioni efficaci. Perché il presupposto fondamentale della Programmazione Neuro Linguistica è che tali «schemi mentali e comportamentali» si possono modificare proprio grazie alle competenze linguistiche, gli strumenti al servizio della Programmazione Neuro

Linguistica per migliorare le nostre «relazioni» con il mondo sono:

1. La rappresentazione della realtà.
2. I sensi e i canali rappresentazionali.
3. Il «Meta modello» linguistico e linguaggio di precisione.
4. Rispecchiamento mirroring, ricalco e guida.

E' importante «riconoscere» il nostro sistema rappresentazionale (e imparare a identificare quello degli altri) perché così potremo noi stessi sviluppare gli altri sistemi meno performanti... Avremo anche modo di «comprendere» meglio i sistemi degli altri per «adeguarci».

Questa consapevolezza permetterà di comprendere meglio il sistema rappresentazionale del cliente in quel momento e come vedremo consentirà un contatto più efficace e una maggiore e più veloce sintonia.

La Programmazione Neuro Linguistica e il potere delle parole

I nostri comportamenti (e quindi quelli degli altri!) Sono fortemente influenzati dalle parole, la cui gestione è parte integrante della trasformazione efficace della Programmazione Neuro Linguistica. Le parole hanno un enorme potere e possono rivelarsi funzionali, potenzianti, incoraggianti, favorevoli, creative, motivanti, negative, fuorvianti, evocative insomma, parole giuste dette al momento opportuno hanno degli effetti positivi e sostenere le persone in certe situazioni di criticità, altre parole al momento sbagliato possono risultare depotenzianti. Tra queste parole, definite anche parole trigger, capaci di attivare sentimenti o stati d'animo negativi, ci sono le avversative. In Programmazione Neuro Linguistica «adeguarsi» ha un significato positivo, fa riferimento a quella particolare abilità di sintonizzarsi con i nostri interlocutori per «costruire» una relazione/interazione efficace sotto vari punti di vista. Entrare in relazione con gli altri significa «creare rapporti» una tecnica basilare che fonde comunicazione e relazione come se fosse un «ambiente» proficuo in cui si manifesta il meglio della Comunicazione efficace.

Come possiamo dedurre dal nome, la programmazione neurolinguistica deriva dalla connessione fra i processi neurologici, la componente linguistica e delle abilità che maturano con l'esperienza.

Queste tre componenti sono fondamentali per capire come funziona la Programmazione Neuro Linguistica, essendo appunto i fattori principali attraverso i quali si raggiungono o meno obiettivi e possiamo definirli così:

- Programmazione: la possibilità di agire sulle variazioni che accadono nella vita di tutti i giorni.

- Neuro: ossia i processi alla base del nostro sistema nervoso;

- Linguistica: come l'uomo elabora i pensieri e li esprime, in maniera verbale e non.

Essa è quindi, una disciplina che studia i processi alla base della comunicazione e del comportamento, e ci permette di capire come comunichiamo e se lo facciamo nel modo giusto.

Erroneamente da quello che potrebbe sembrare, la programmazione neurolinguistica non è una scienza, bensì una pseudoscienza, che l'ha resa nel corso degli anni oggetto di studi e controversie.

È un metodo quindi, che si basa su tecniche in

grado di sviluppare abilità nascoste e farci assumere il controllo totale del nostro pensiero e anche di capire quello di chi abbiamo di fronte, di capire quindi l'esperienza del nostro interlocutore.

La ricerca della programmazione neurolinguistica poggia su quei legami tra gli stimoli che riceviamo dal mondo esterno e dalle relazioni che si vanno a creare: studia quindi la struttura dell'esperienza soggettiva attraverso il modo in cui viene interpretata nel giusto contesto.

Se sentite parlare di Programmazione Neuro Linguistica, o avete avuto una conoscenza basilare della stessa, avrete sicuramente sentito che essa si basa su dei presupposti, che rendono questa metodologia vincente.

- 1° presupposto ci dice che: La comunicazione può essere verbale e non verbale. Con la prima, la Programmazione Neuro Linguistica si riferisce al significato semantico delle parole, con la comunicazione non verbale invece parliamo degli elementi vocali e del linguaggio del corpo.

- 2° presupposto ci dice che: Non si può non comunicare. Che sia verbalmente, con il movimento degli occhi o con un gesto, qualsiasi essere vivente è in grado di comunicare. Sempre.

- 3° presupposto ci dice che: La mappa non è il territorio. Questo è sicuramente quello più famoso nei salotti della Programmazione Neuro Linguistica. Diciamo da subito che ognuno di noi può stilare una mappa del territorio in cui vive. Non parliamo solo di quella a livello cartografico, ma indichiamo con mappa anche persone, relazioni, rapporti e ambienti. Una mappa quindi che usiamo ogni giorno per orientarci, magari inconsapevolmente, ma lo facciamo. Questa mappa perciò rappresenta il mondo in cui ognuno vive, come si rapporta agli altri e le scelte che fa. Questo perché in ogni situazione, scegliamo cose diverse, abbiamo modi di reagire differenti ovvero abbiamo prospettive diverse perché la nostra personale mappa è soprattutto una mappa cognitiva. In sintesi, essa rappresenta quella personale visione del mondo che ogni essere umano ha.

Vediamo ora quali sono le principali tecniche della Programmazione Neuro Linguistica.

Il Meta modello

Per porre le basi di una conoscenza generica della Programmazione Neuro Linguistica, dobbiamo parlare di quello che viene definito Meta modello.

Il Meta modello è un modello linguistico ovvero una parte di domande che hanno come oggetto quello di conoscere il modello mentale del nostro interlocutore. Per farlo, utilizza alcune tecniche, vediamo quali:

- La cancellazione: diamo attenzione ad alcune cose, e ignoriamo altre. Abbiamo quindi una mentalità selettiva, quando istintivamente tendiamo a non ascoltare ciò che non ci interessa o peggio ci annoia.

- La normalizzazione: è un processo di rimozione, attraverso il quale cerchiamo nella nostra mappa esperienze e vissuti per capire l'altro.

- Le presupposizioni: quando crediamo che una cosa sia accaduta in passato, probabilmente accadrà nel presente o potrebbe accadere nel futuro prossimo.

- Rapporto causa-effetto: serve aggiungere altro? A ogni azione...

- I quantificatori universali: quando tendiamo a generalizzare un episodio e darli un prolungamento temporale. (Esempio: usiamo parole come tutti, qualche, nessuno, mai, sempre).

- I Performativi: quando giudichiamo qualcosa senza aver possibilità di paragonare.

- La lettura del pensiero: quando crediamo di sapere cosa pensa il nostro interlocutore.

Il Meta modello è sicuramente la tecnica con

maggior successo di tutta la programmazione neurolinguistica. Anche se ignoriamo, siamo soggetti a tecniche di Meta modello ogni giorno. La cosa che piace della programmazione neurolinguistica è la sua piena accessibilità: essa infatti può essere imparata da chiunque, in qualsiasi momento e applicata in ogni contesto.

Con la Programmazione Neuro Linguistica possiamo ottenere un rapporto migliore sotto diversi punti di vista: migliorare la nostra autostima, riuscendo a parlare bene in pubblico e ottenendo l'approvazione della nostra platea, ottenere complimenti dal nostro team di lavoro o dalla nostra famiglia. Riusciamo con il linguaggio a tradurre i pensieri e a rappresentarli.

Il Milton Model

Il Milton Model è il modello linguistico basato sul lavoro del dottor Milton Ericksson, medico ipnoterapeuta. A differenza del precedente Meta modello, che ha come compito quello di specificare il contenuto di affermazioni superficiali, il Milton model è un linguaggio volutamente generico, semanticamente denso. È un linguaggio che crea suggestioni in chi lo ascolta e permette a chiunque di riconoscere il proprio modello di mondo nelle parole del parlante.

Altro importante pilastro dell'insegnamento della Programmazione Neuro Linguistica è l'ancoraggio: il collegamento tra uno stato emozionale e uno stimolo. Le ancore sono citazioni incomplete, che suggeriscono l'idea: basta creare quindi un minimo stimolo per permettere in chi ascolta di scatenare uno stato d'animo, una curiosità, un emozione.

The Sleight of mouth

Ovvero la destrezza del linguaggio che indica alcune tecniche che servono, attraverso affermazioni o domande, per dimostrare al parlante una diversa visione della realtà rispetto a quella percepita.

I Meta programmi

Sono tutte le strategie decisionali che servono per costruire la propria mappa: sono i filtri attraverso i quali le persone si muovono, agiscono e decidono.

The Timeline

La time line è una tecnica della Programmazione Neuro Linguistica che riguarda il modo in cui una persona percepisce il tempo nello spazio. Le persone infatti intendono il tempo come una linea, con il futuro davanti e il passato alle spalle. Questa teoria consente di visualizzare gli eventi passati e operare per il futuro applicando i principi della Programmazione Neuro Linguistica.

Ora che hai visto quanto vasta sia la Programmazione Neuro Linguistica non ti resta che metterla in pratica: inizia con i tuoi clienti e arriva fino all'ultimo da fidelizzare. Se seguirai queste regole, non puoi assolutamente fallire.

Le parole della Programmazione Neuro Linguistica

Ovvero tutte le parole utili per capire i processi della Programmazione Neuro Linguistica e che, sia il caso, dovrai imparare a usare a dovere.

1. Acutezza sensoriale: la consapevolezza delle informazioni sensoriali di qualsiasi esperienza.
2. Ambiguità di punteggiatura: unire senza punteggiatura due frasi non correlate fra loro.
3. Ambiguità fonetiche: due parole con la stessa pronuncia ma con differente significato.
4. Ambiguità: parole interpretati in più modi.
5. Analogico: una variabile che cambiato in continuazione.

6. Ancorare: un processo catturato con una parola, una sensazione e che quando viene innescata fa in modo che quello stato o quel processo venga richiamato nella mente dell'individuo.

7. Associato: provare sensazioni come se il soggetto che le facesse davvero.

8. Auditivo: l'azione del parlare e del sentire.

9. Ben-Formato: il risultato o l'idea raggiungibile e controllabile.

10. Bisogno secondario: una funzione che deriva da un'altra azione o altro processo.

11. Calibrazione: l'abilità di riprodurre gli stati di un'altra persona.

12. Cancellazione: l'esperienza che è omessa nel processo conscio.

13. Capacità: una strategia di successo per svolgere un compito.

14. Chunking: portare un idea dal particolare al generale.

15. Cinestesico: provare sensazioni.

16. Citazioni: dire qualcosa come se l'abbia detta qualcun'altro.

17. Come dormire: la concezione dell'ipnosi che viene vista come il sonno quando invece il soggetto è cosciente.

18. Comportamento: ogni comportamento assunto in maniera fisica o mentale.

19. Condurre: le azioni e i processi che vengono seguiti dalle altre persone.

20. Congruenza: lo stato di una persona che è in relazione per un risultato comune.

21. Consapevole: lo stato mentale dove siamo consapevoli del momento attuale.

22. Convinzioni: il modo con il quale una persona comprende la visione del suo mondo.

23. Cornice: il modo con il quale capiamo o percepiamo qualcosa.

24. Criterio: ciò che, in una situazione o in un processo, è importante.

25. Cross-over: armonizzare il movimento fisico con quello di un'altra persona.

26. Deduzione: attraverso il Meta Modello, usare domande e osservazione per raccogliere informazioni sul comportamento.

27. Descrizione sensoriale: il suo uso per descrivere un'esperienza.

28. Descrizioni Multiple: la descrizione di un processo o di un'esperienza da diversi punti di vista o angolazioni.

29. Digitale: due stati che non sono soggetti a variabili, o è falso o è vero.

30. Dissociato: provare sensazioni come se si guardasse a se stesso e non all'esperienza.

31. Distorsioni: la rappresentazione di un'esperienza in maniera non accurata.

32. Down time: in uno stato ipnotico è l'atto di andare dietro ai propri pensieri o alle proprie sensazioni.

33. Ecologia: avere a cuore i valori del territorio che ci appartiene.

34. Entrare in rapport: agire, con corpo e comunicazione, verso un'altra persona per instaurare un rapporto.

35. Epistemologia: conoscere in che modo noi sappiamo come sappiamo.

36. Equivalenza complessa: due stati che sono uniti come se avessero attinenza l'uno con l'altro.

37. Feedback, Prima Posizione: il vedere o essere se stessi attraverso l'interpretazione di ciò che vogliamo comunicare (chiedersi se stiamo comunicando quello che davvero vogliamo).

38. Filtri percettivi: le idee e le esperienze personali che contribuiscono a creare il proprio modello del mondo.

39. Fisiologico: il corpo di una persona.

40. Generalizzazione: l'unione di tutte le esperienze simili in un'unica esperienza.

41. Gustativo: il senso del gusto.

42. Identità: il modo con il quale una persona vede la propria immagine.

43. Incongruenza: avere un conflitto con qualcosa o qualcuno a seguito di un comportamento.

44. Inconscio: tutto ciò che non è nella mente conscia in un dato momento.

45. Indici referenziali non specificati: i nomi che non hanno riferimento di appartenenza a cose o persone alle quali si riferiscono.

46. Installare: facilitare l'acquisizione di un nuovo stato o un nuovo comportamento.

47. Intenzione: il risultato atteso di un'azione fatta.

48. Interruzione di schema: mettere in atto un azione e interromperla per portare l'individuo verso un'altra direzione.

49. Ipnosi: lo stato di rilassamento.

50. Linguistica: il modo con il quale il linguaggio è costruito.

51. Livelli Neurologici: molteplici livelli di esperienza.

52. Livello Logico: i livelli delle informazioni.

53. Mappa del Mondo: la rappresentazione che un individuo fa del suo mondo attraverso la propria esperienza.

54. Meta Modello: l'uso del linguaggio per ottenere la struttura più profonda di una convinzione.

55. Meta programmi: le abitudini con le quali filtriamo tutte le informazioni che riceviamo dalle esperienze per riuscire a estrapolare altre informazioni.

56. Meta-cognizione: la capacità di spiegare la conoscenza agli altri.

57. Metafora: raccontare qualsiasi cosa con significati nascosti.

58. Milton Model: l'uso di modelli di linguaggio vaghi, per fare in modo che la mente possa accedere alle risorse individuali per ottenere la comprensione.

59. Modalità: i sistemi rappresentazionali.

60. Modellare: il processo di scoperta del modo con il quale un processo funziona.

61. Modello Parola: il modo con il quale viene descritto com'è fatto un processo.

62. Movimenti di Accesso: l'atto con il quale si danno informazioni attraverso il respiro, i gesti, i movimenti degli occhi.

63. Movimenti Oculari di Accesso: il movimento degli occhi che indica il processare delle informazioni.

64. Neuro: il modo con il quale l'uomo riesce a processare le informazioni che arrivano al suo cervello.

65. Nominalizzazione: la trasformazione di un verbo in un nome.

66. Olfattivo: il senso dell'olfatto.

67. Operatore Modale di Necessità: le parole che cambiano le regole con le quali l'individuo processa le informazioni.

68. Operatore Modale di Possibilità: parole che cambiano il modo in cui i processi possono esser fatti.

69. Pacing: entrare in rapporto con qualcuno e mantenere il rapporto nel tempo.

70. Parti: le azioni inconsce che ci guidano.

71. PNL, Programmazione Neuro-Linguistica: il modo attraverso il quale gli individui raggiungono le proprie esperienze.

72. Ponte sul futuro: provare nella propria mente avvenimenti futuri con costrutti positivi.

73. Posizioni percettive: come l'individuo capisce la sua posizione verso un'altra persona.

74. Postulati di conversazione: fare una domanda in modo che essa diventi un comando.

75. Predicati: le parole che si fondano sui sensi.

76. Presupposizioni: le affermazioni ovvie che danno un senso a una comunicazione.

77. Processo degli Occhi Chiusi: atto usato per descrivere il processo dell'ipnosi.

78. Quantificatori universali: i termini linguistici che uniscono ogni cosa con la parola tutti.

79. Rapport: il mantenimento e la stabilizzazione della fiducia.

80. Rappresentazione: come vengono immagazzinate nella mente tutte le informazioni che sono basate sui sensi.

81. Rappresentazioni interne: tutti i modi con i quali le informazioni vengono immagazzinate nella mente.

82. Reincorniciamento del contenuto: dare un significato diverso a un'esperienza.

83. Reincorniciamento del contesto: mettere un'esperienza in un altro contesto.

84. Re-incorniciare: cambiare un idea emettendo un'altra affermazione per darle un nuovo significato.

85. Ricerca Transderivazionale: tutti i processi che permettono all'individuo di accedere alle esperienze per dare un senso a quelle presenti.

86. Risorse: tutte le esperienze che possono essere usate per raggiungere un risultato.

87. Rispecchiamento, Mirroring: rispecchiare i movimento di un altro individuo.

88. Risultato: un risultato di un evento futuro su base sensoriale.

89. Rompere il rapport: l'interruzione del modello.

90. Seconda Posizione: parte delle posizioni percettive, vedere una cosa da un altro punto di vista.

91. Sinestesia: collegare un senso a un altro in maniera automatica.

92. Sistema guida: il sistema rappresentazionale per caricare le informazioni dentro la mente conscia.

93. Sistema preferenziale: il sistema rappresentazionale usato per processare informazioni.

94. Sistema rappresentazionale: i sistemi sensoriali immagazzinati nella mente.

95. Sovrapposizione: comunicare un senso che dà accesso a un altro senso.

96. Stato Risorsa: lo stato fisico e psicologico ottimale per raggiungere un risultato.

97. Stato: è l'insieme dei processi fisici e psicologici in quel momento.

98. Storico: tornare nel passato con la mente per usare le stesse azioni.

99. Strategia: come un individuo raggiunge un risultato.

100. Struttura Profonda: la parte della comunicazione omessa, lasciando la struttura superficiale.

101. Struttura Superficiale: la parte della comunicazione che un individuo fa.

102. Sub modalità: i sistemi rappresentazionali dei sensi suddivisi in parti più piccole.

103. T.O.T.E, Test, Operazione, Test, Uscita (Exit): un modello di una strategia.

104.   Terza posizione: una parte delle posizioni percettive, quelle che vedono le cose dal punto di vista dell'osservatore.

105.   Timeline: la linea del tempo delle esperienza passate, presenti e future così come sono posizionate nello spazio del nostro pensiero.

106.   Tradurre: il processo che riformula le parole da un sistema rappresentazionale di predicati a un altro.

107.   Trance: lo stato alterato dell'ipnosi.

108.   Tuple, 4-Tuple: metodo manuale di prendere nota delle esperienze usando i sistemi rappresentazionali.

109.   Uptime: stato nel quale l'attenzione dell'individuo è consapevole di quello che succede.

110.   Valori: tutte le convinzioni che sono importanti.

111.   Varietà indispensabile: l'abilità di esser flessibili per avere scelta di comportamento.

112.   Verbi non specificati: processo non descritto da un avverbio, come se esso fosse stato eliminato.

113.   Visivo: il senso della vista.

114.   Visualizzazione: l'atto d'immaginare di vedere cose nella mente, con il terzo occhio

CONCLUSIONE

Abbiamo viso come la persuasione sia uno degli argomenti più scottanti e interessanti: le tecniche di persuasione che ti sono state spiegate sono applicabili da subito, puoi iniziare anche adesso a metterle in pratica per far crescere il tuo mercato.

Prima di lasciarti al tuo business voglio darti un ultimo consiglio, anzi sei: usali e troverai la strada per il tuo personale successo, mai più fallimenti o vendite sfumate. Te lo assicuro.

1. Reciprocità

Il principio che vedete tutte le società, gli uomini e le donne, uniti tra schemi comportamentali e che hanno necessità di ricambiare. Chi non segue questo dettame è un parassita.

2. Impegno e Coerenza

Una volta presa una decisione, portiamola avanti e rimaniamo fedeli all'immagine che ci siamo preposti. Non torniamo indietro e non assecondiamo dubbi o ripensamenti.

3. Scarsità

Il principio più usato in ambito commerciale e si basa su tre concetti:

- Le opportunità sono più desiderabili quando la loro disponibilità è limitata;
- Il timore di perdere qualcosa è importante nel processo decisionale di una persona;
- Il desiderio aumenta quando la risorsa è limitata e diventa necessario competere con gli altri.

4. Autorità

Obbediamo e seguiamo chi è superiore a noi.

5. Riprova Sociale

Più alto è il numero di persone che trova giusta un'idea, tanto più quell'idea sarà giusta.

6. Simpatia

Sorridiamo, siamo gentili e offriamo ai clienti la nostra disponibilità. Così il prodotto si venderà da solo e noi rimarremo impressi nella mente del cliente.

È vero, parlare di persuasione in poche pagine è riduttivo: ma sono certo che l'idea che hai avuto oggi, gli spunti che ti sono stati dati, ti siano d'aiuto per continuare ad approfondire l'argomento, trattare la persuasione non più con occhio vigile ma lasciarti andare e valutare come davvero essa potrà aiutarti.